THiLO

OSTWIND

Weihnachten mit Hindernissen

Basierend auf Figuren und Fabel von
Lea Schmidbauer und
Kristina Magdalena Henn

ALIASENTERTAINMENT

In der OSTWIND-Reihe für Erstleser sind bereits erschienen:

OSTWIND – Für immer Freunde
OSTWIND – Die rettende Idee
OSTWIND – Das Turnier
OSTWIND – Weihnachten auf Kaltenbach
OSTWIND – Mikas großer Auftritt
OSTWIND – Eine zauberhafte Begegnung
OSTWIND – Das geheimnisvolle Brandzeichen
OSTWIND – Chaos auf dem Wintermarkt
OSTWIND – Das Rennen von Ora
OSTWIND – Das gestohlene Fohlen
OSTWIND – Spukalarm im Pferdestall
OSTWIND – Weihnachten mit Hindernissen

Dieses Buch wurde auf chlorfrei
gebleichtem Papier gedruckt.

1. Auflage

Lektorat & Projektmanagement: Simone Hennig
Satz: fuxbux, Berlin
Umschlaggestaltung: tatendrang
Illustrationen: comicup
Druck: GGP Media GmbH, Pößneck
ISBN 978-3-940919-41-0
Printed in Germany

Inhalt

Mika und Ostwind sind mehr
als Pferd und Reiterin:
Die beiden sind Seelen-Verwandte.
Mika kann verstehen,
was Ostwind fühlt.
Und der wilde Ostwind spürt,
was in Mika vorgeht.
Es ist eine magische Verbindung!

Maria Kaltenbach ist Mikas Oma.
Sie war früher eine der besten
Springreiterinnen der Welt.
Doch nach einem Unfall
kann sie heute nicht mehr reiten.
Nun ist sie Trainerin.
Ihr gehört Gut Kaltenbach,
wo Mika immer ihre Ferien verbringt.

Sam ist Stallbursche
auf Gut Kaltenbach.
Er verspricht seiner Chefin
Maria Kaltenbach,
sich um Mika zu kümmern.
Sam ist ein feiner Kerl,
auf den Mika sich immer
verlassen kann.

Herr Kaan kennt sich sehr gut
mit Pferden aus.
Früher ist er Trainer
auf Gut Kaltenbach gewesen.
Doch dann hat es Streit
mit Mikas Oma gegeben.
Herr Kaan ist der Opa von Sam.
Er wohnt in einem alten Bauwagen.

1. Schneeball-Schlacht mit Pferd

Es war eine Woche
vor Weihnachten.
Seit Tagen schon
schneite es ununterbrochen.
Gut Kaltenbach war
tief im Schnee versunken.

Sam hatte alle Mühe,
die Wege und den Hof
freizuschaufeln.
Jetzt hatte ihn auch noch
sein Opa um Hilfe gebeten.

Mit dem Trecker fuhr Sam
zu Herrn Kaans Bauwagen.
Ganze Schneewehen schob er
hier zur Seite.

Plötzlich bekam Sam
einen Schneeball ins Gesicht.
„Wer …?“, motzte er.

Da stand Mika vor ihm,
natürlich auf Ostwind.

„Wetten, du triffst mich nicht?“,
rief Mika.
„Ostwind ist viel zu geschickt!“

Sam lachte.
„Aber gegen Super-Sam
kommt auch er nicht an!“
Er warf seinen Schneeball
nicht auf Mika,
sondern auf den Ast über ihr.

„Daneben!“,
feixte Mika.
Da rauschte der Schnee
vom Ast auf sie herunter.

„Eben nicht!“, antwortete Sam.
Ostwind schüttelte sich.
Und schon war die tollste
Schneeball-Schlacht im Gange.

2. Schnee-Engel

Eine halbe Stunde lang
jagten die drei sich
über die Koppel.

Dann warfen Mika und Sam
sich erschöpft in den Schnee.
Genau vor dem Bauwagen
machten sie
zwei herrliche Schnee-Engel.

„Wie schön doch das Leben ist“,
seufzte Mika.

„Toll, wenn ihr das
zu schätzen wisst“,
sagte Herr Kaan.
Er hatte ein Fenster geöffnet
und sah zu den beiden herüber.

„Es gibt genug Menschen
auf der Welt,
denen es nicht so gut geht“,
sagte Herr Kaan.

Minuten später saßen
Sam und Mika bei ihm
auf der Veranda.
Der heiße Tee tat gut!

„Weihnachten ist auch
das Fest des Teilens“,
erinnerte Herr Kaan.
„Kennt ihr die Aktion
Mein Fest für dich?“

Beide schüttelten die Köpfe.
Gebannt hörte Mika zu,
was Herr Kaan berichtete.

Bei dieser Aktion konnte man
Kinder aus einem Heim
an Weihnachten zu sich einladen.
Mika war sofort begeistert!

3. Lucie stinkt es

Kurz darauf stürmte Mika
ins Haus ihrer Großmutter.
„Oma, da machen wir mit!“,
rief sie.

Mika hockte sich
an den Küchentisch
und erzählte.

Maria Kaltenbach hob
ab und zu eine Augenbraue.

Aber schließlich nickte sie.
„Du hast ein großes Herz, Mika“,
sagte sie.
„Hoffentlich wirst du
nicht enttäuscht.“

Mika schüttelte den Kopf
und war schon am Computer.
Fünf Minuten später
hatte sie eine Nachricht
an das Heim abgeschickt.

Am 23. Dezember
klingelte es an der Tür.
Es war die Leiterin des Heims.
Sie hatte ein Mädchen dabei.

Lucie war zehn Jahre alt
und freute sich kein bisschen
über die Einladung.

„Hier stinkt’s nach Kuhschiete!“,
motzte sie.

Die Frau lächelte schief.
„Lucie kennt nur die Stadt ...“,
erklärte sie.

„Das ist Pferdeschiete“,
sagte Maria Kaltenbach streng.
„Und ich hoffe,
wir werden ein
schönes Weihnachtsfest
zusammen haben!“
Sie sah Mika an.

Mika versuchte zu lächeln.
Aber es gelang ihr
noch schlechter
als der Leiterin des Heims.

4. Ein schwieriger Gast

Mika gab sich alle Mühe.
Doch egal,
was sie vorschlug,
Lucie hatte keine Lust dazu.

Den Hof anschauen?
Nein!
Schneeball-Schlacht?
Nein!
Eine Schnee-Wanderung?
Auf gar keinen Fall!

Lucie ließ sich von Mika
auf ihr Zimmer bringen.

„Komm erst mal richtig an“,
sagte Mika freundlich.

Lucie sagte nichts.
Sie warf sich nur aufs Bett.

„Um sechs Uhr
gibt es Abendessen“,
erklärte Mika und ging.

Als Mika den Tisch deckte,
spürte sie den Blick ihrer Oma.
„Geben wir Lucie eine Chance“,
sagte Mika.

Doch Lucie blieb
ein schwieriger Gast.
Zum Essen kam sie viel zu spät.
Dann weigerte sie sich,
den Tisch mit abzuräumen.
„Komm, wir backen Zimtsterne!“,
sagte Mika anschließend.

Lucie verdrehte die Augen.
„Ganz bestimmt nicht“,
antwortete sie genervt.
„Ich gehe auf mein Zimmer.“
Langsam bekam auch Mika
schlechte Laune.

„Ich werde mir
von dieser Göre Weihnachten
nicht verderben lassen!“,
stellte Maria Kaltenbach klar.
Sie hasste schlechtes Benehmen.
„Beim nächsten Zwischenfall
schicke ich sie ins Heim zurück!“

Mika war ratlos.
Deshalb machte sie später
noch einen nächtlichen Besuch
an der Koppel.

„Ich fand’s ja auch erst doof hier“,
flüsterte Mika in Ostwinds Ohr.
„Aber dann habe ich
dich getroffen.
Das hat alles verändert.“
Ostwind schnaufte.

„Du meinst,
Lucie ist nur so ruppig,
damit niemand sie
verletzen kann?“,
murmelte Mika.

Ostwind wieherte.
Plötzlich hatte Mika eine Idee.

Schwer kranke Kinder
schwammen mit Delfinen.
Manche waren danach geheilt.
Vielleicht halfen Tiere
auch bei anderen Problemen.

Ob ein Pferd wohl
Lucies harte Schale
knacken konnte?

6. Eine besondere Begegnung

Am nächsten Morgen
erschien Lucie wieder viel zu spät.
„Hey, wo ist mein Essen?“,
maulte sie.

„Alles weggeräumt“,
antwortete Mika.
„Frühstückszeit ist vorbei.“
Lucie verzog das Gesicht.

„Zeit für den Stall“,
verkündete Mika.
Lucie grummelte zwar.
Aber sie kam tatsächlich mit.

Mika zeigte Lucie alles.
Lucie tat gelangweilt.

Zum Glück klopfte Sam an die Tür.
„Wir müssen noch etwas erledigen“,
sagte er.
Und dann bauten die beiden
einen Schneemann mit Pferd.

5. Harte Schale

Als Sam verschwunden war,
machte Maria Kaltenbach
mit ihrer Enkelin
einen Spaziergang.
Es schneite noch immer.
Die Sonne ging
langsam unter.

Aber Mika merkte,
dass die Pferde
Lucies Neugier weckten.
„Wir machen sie weihnachtsfein“,
sagte Mika
und gab Lucie eine Bürste.

„Ist das Pony bissig?“,
fragte Lucie.

Mika lächelte.
„Ora ist kein Pony,
sie ist ein Fohlen“,
stellte sie klar.
„Ostwinds Tochter!
Und beißen tut sie dich nur,
wenn du eine Möhre bist.“

Lucie begann vorsichtig,
Ora zu
striegeln.

Ora wieherte vor Wonne.
Nach einiger Zeit ließ Mika
Ora mit Lucie alleine.
Als es verdächtig leise wurde,
steckte Mika ihren Kopf
wieder in die Box.

Gerade noch rechtzeitig!
Lucie versuchte Ora
mit zuckrigen Plätzchen zu füttern!

7. Unverbesserlich!

Den Rest des Tages
war Lucie wie verwandelt.
Die Sache mit den Plätzchen
tat ihr furchtbar leid.
Beinahe hatte sie bei dem Fohlen
eine Kolik verursacht!

Lucie half Maria Kaltenbach
beim Decken des festlichen Tisches.
Mika drückte Nelken in Orangen.

„Hmmm!“, schwärmte Lucie.
„Das duftet gut!“

Vor der Tür stellten sie Fackeln auf.
Dann schmückten sie
zu dritt den Weihnachtsbaum.

Mika zwinkerte ihrer Oma zu.
Die zwinkerte zurück.
Lucie schien sich
gefangen zu haben.

Doch dann kam der Abend.
Mika, ihre Eltern, ihre Oma,
Sam und Herr Kaan
saßen herausgeputzt
unter dem Baum.

Nur Lucie war wieder
nicht pünktlich.
„Ich schaue nach ihr“,
schlug Mika vor.

„Nein!“,
widersprach Maria Kaltenbach.
„Jetzt wird gefeiert!“
Mit zittriger Stimme begann sie
Oh Tannenbaum zu singen.

Doch mitten im Lied
hörte Mika ein Klopfen.

Dann erklang
Ostwinds Schnaufen.
Er schlug mit den Hufen
gegen die Tür!
Etwas war passiert!

8. Ora ist weg

Mikas Herz schlug heftig,
als sie die Haustür aufriss.
Ostwind stand jetzt
an der Rückseite des Stalls
und wieherte wild.

Mika lief mit einer Fackel zu ihm.
Hier waren Fußstapfen
und Hufabdrücke im Schnee.
Sie führten in den Wald hinein.
„Lucie und Ora!“,
erkannte Mika die Spuren.
„Sie müssen sich verirrt haben!“

Sofort ritt Mika auf Ostwind los.
Anfangs war noch
der Weg zu erkennen.

Mika leuchtete mit der Fackel
im Kreis.
Doch der fallende Schnee
hatte alle Spuren zugedeckt.
Immer mühsamer kämpfte
Ostwind sich vorwärts.

„Hier kommen wir nicht weiter“,
stellte Mika zitternd fest.
Langsam stieg Panik in ihr auf.
Es war wirklich
eine sehr kalte Nacht.

Doch Ostwind drehte nicht um.
Aufgeregt wiehernd stapfte er
tiefer in den Wald hinein.

Mika schwieg.
Ora war Ostwinds Tochter.
Zwischen den beiden
gab es ein unsichtbares Band.

Sofort merkte Mika,
wie ihre Angst verschwand.
Sie musste nur Ostwind vertrauen.
Dann würde alles gut werden.

9. Das unsichtbare Band

Plötzlich wieherte Ostwind.
War da etwas vor ihnen?
Mika hob die Fackel.
Unter einer Fichte hockte Lucie.
Sie hatte Ora im Arm.
Ganz leise sang Lucie
Oh Tannenbaum.

Das unsichtbare Band
zwischen Vater und Tochter
hatte gewirkt!

Lucie war unterkühlt.
Doch mit Mikas Hilfe schaffte sie es
auf Ostwinds Rücken.
Eine halbe Stunde später
erreichten sie das Gut.

Lucie nahm eine heiße Dusche.
Mika erzählte den anderen alles.
Und sie machte ihrer Oma
einen Vorschlag ...

Mit gesenktem Kopf
setzte Lucie sich schließlich
an den Tisch.

„Es tut mir so leid …“,
presste sie hervor.
„Ich wollte mich bei Ora
wegen der Plätzchen entschuldigen.
Da ist sie an mir vorbei
aus der Box gelaufen.“

Lucie hatte Ora
dann wieder einfangen wollen.
Aber Ora hatte das
für ein Spiel gehalten.
So hatten sie sich verlaufen.

„Ich werde den Stall
nie wieder betreten!“,
schwor Lucie.

Doch Maria Kaltenbach
schüttelte den Kopf.

10. Mein Fest für dich

„Im Gegenteil“,
bestimmte Mika.
„Du kommst einmal im Monat
nach Kaltenbach
und kümmerst dich um Ora!
Aber ich werde dir vorher
alles beibringen.“

Mika hatte gefühlt,
dass Ora Lucie mochte.

Lucie strahlte glücklich.
Weihnachten war nun endlich
auch bei ihr angekommen.

Kurz vor Mitternacht tippte Mika
Lucie auf die Schulter.

„Komm!“, flüsterte Mika.
„Wir sind mit dem Feiern
noch nicht fertig.“
Kurz darauf standen Mika und Lucie
auf dem Paddock.

Ostwind und Ora hatten schon auf sie gewartet. Es schneite, und tausend Sterne leuchteten am Himmel.

Als Ora sich an Lucie schmiegte, holte Mika zwei Möhren aus der Tasche. Eine davon war für Ostwind, die andere gab sie Lucie.

„Darf ich?“, fragte Lucie Mika
und zeigte auf Ora.

Mika nickte.
„Klar, ist doch Weihnachten!“
Und während Ora und Ostwind
schmatzten,
lachten die beiden Mädchen
fröhlich.

Bereits erschienen (Auswahl):

OSTWIND – Weihnachten auf Kaltenbach

ISBN 978-3-940919-33-5

OSTWIND – Chaos auf dem Wintermarkt

ISBN 978-3-940919-37-3

OSTWIND – Das gestohlene Fohlen

ISBN 978-3-940919-39-7

OSTWIND – Spukalarm im Pferdestall

ISBN 978-3-940919-40-3